ACQUARELLI

*145*

*Raccolta di classici*
*a cura di Angela Cerinotti*

# PICCOLO BREVIARIO DELLA FELICITÀ

*Lettera a Meneceo e Massime capitali*

di Epicuro

Traduzione e presentazione di
Angela Cerinotti

Copertina: Costantina Fiorini
Titoli originali: *Epistula ad Menoeceum*; *Ratae Sententiae* (ΚΥΡΙΑΙ ΔΟΞΑΙ);
*Gnomologium Vaticanum Epicureum*

**PICCOLO BREVIARIO DELLA FELICITÀ**
1ª edizione gennaio 1997

Via del Lavoro 52 – loc. Ferlina
37012 Bussolengo (VR)
Tel. 045/6767222 Fax 045/6767205

# Epicuro: la vita e le opere

341 a.C.

Nel gennaio o febbraio di questo anno Epicuro, figlio di Neocle e Cherestrata, nasce a Samo. Il padre, ateniese, vi si era recato con un gruppo di coloni della sua città. Se si dà credito a una tradizione, la madre sarebbe stata una di quelle sacerdotesse cui si ricorreva per avere delle formule di purificazione, in grado di liberare da inquietudini e ossessioni spirituali e morali. È verisimile che la consuetudine a vedere i clienti della madre in preda a paure ed emozioni devastanti abbia più tardi indotto Epicuro a battersi vigorosamente contro la superstizione.

327/323

Epicuro viene molto precocemente attratto dalla filosofia, con la quale prende i primi contatti attraverso le lezioni di Panfilo, un maestro di indirizzo platonico, e poi di Nausifone, seguace di Democrito. La filosofia atomistica di quest'ultimo ha avuto probabilmente l'adesione di Epicuro negli anni della prima giovinezza, ma in seguito si sarebbe profilato un percorso originale, non senza qualche spunto vivacemente polemico (il filosofo maturo scherza sul nome di Democrito nominandolo come Lerocrito, il 'chiacchierone'). Conclusa questa prima fase della sua formazione, Epicuro parte per Atene.

322/308

Non si sa se, ad Atene, Epicuro abbia ascoltato Aristotele e Senocrate, che allora era a capo dell'Accademia. All'età di trentadue anni è comunque in grado di esercitare l'attività di maestro per suo conto, andando a insegnare a Mitilene e a Lampsaco.

307/270

Torna ad Atene, dove resta fino alla morte, avvenuta nel 270. Qui fonda una scuola di grande prestigio e tiene lezione nel proprio giardino, cosicché i suoi discepoli sono chiamati 'i filosofi del Giardino' e Giardino la scuola stessa. Epicuro è circondato da una venerazione di tipo religioso e gode presso gli allievi di un carisma straordinario ('Comportati in ogni momento come se Epicuro ti vedesse' era il precetto fondamentale della scuola). Tuttavia l'invidia e le interpretazioni tendenziose di certe sue posizioni teoriche gli avrebbero procurato molti avversari, che fecero circolare sul suo conto voci infamanti, come quella che si procurava il vomito due volte al giorno per poter ripetutamente mangiare o che coltivava i piaceri più sconci. Raccontando la sua *Vita* Diogene Laerzio (III secolo d.C.) lo difende con calore: «... per un tal uomo bastevole testimonianza della bontà d'animo insuperabile che riservò a tutti sono la patria, che lo onorò con statue di bronzo; gli amici, così numerosi che intere città non avrebbero potuto contenerli; i discepoli, incantati dalle Sirene della sua dottrina... e la sua scuola che, mentre quasi tutte le altre si sono estinte, c'è ancora e continua a produrre innumerevoli maestri...» Il Giardino infatti operò fino al IV secolo d.C., senza che nessuno dei discepoli ne avesse mutato nella sostanza l'impostazione teorica.

**Le opere**

Epicuro fu uno scrittore molto prolifico e si dice che abbia scritto circa trecento opere. Ciò che resta, oltre a numerosi frammenti, si è sostanzialmente conservato grazie a Diogene Laerzio. Si tratta in primo luogo di tre *Lettere*: *a Erodoto* (vi è esposta la dottrina fisica, in particolare la teoria della composizione atomica di tutti i corpi); *a Meneceo* (con i precetti intesi a insegnare come viver bene e ben morire) e *a Pitocle* (a proposito delle dottrine metereologiche).

Si sono poi conservate le *Massime Capitali*, che Laerzio ha riportato a coronamento della sua biografia di Epicuro e il *Testamento*. In quest'ultimo si distinguono una parte spirituale, ricavata da una lettera che il filosofo avrebbe scritto all'allievo Idomeneo in punto di morte, e una parte legale contenente vere e proprie disposizioni testamentarie.

Dei *Frammenti*, a parte i pensieri del *Gnomologio Vaticano* riconducibili a Epicuro (la questione è a tutt'oggi dibattuta e controversa), si ricordano quelli relativi a una serie di altre *Lettere* e al trattato perduto *Della Natura*. L'opera, di cui quanto abbiamo a disposizione proviene in parte dai papiri rinvenuti negli scavi di Ercolano, doveva essere di grande estensione anche perché, stando alle congetture degli studiosi, Epicuro vi si sarebbe dedicato per una quindicina d'anni.

# *Vangelo laico*

L'attacco del II libro del *De rerum natura* di Lucrezio, che fu e si dichiarò fedele e appassionato discepolo di Epicuro, isola con una forza poetica straordinaria la figura del saggio rispetto ai comuni mortali: fa piacere assistere da terra al travaglio di chi si dibatte sul mare in tempesta o guardare al sicuro l'infuriare di una battaglia, ma niente fa più piacere che osservare distaccati le miserie di un'umanità inquieta, errante, divorata da desideri inani come la gloria, la ricchezza, il potere. E ciò non perché si abbia gratificazione dal vedere le sofferenze degli altri, ma «perché è dolce osservare da lontano i mali di cui non si soffre».

**Un giardino per l'anima**

Nell'epicureismo dunque la prima condizione perché si realizzi quello che comunque, anche nelle sue forme più sconsiderate, è il movente dell'agire umano, vale a dire la felicità, è assicurarsi un 'punto di vista' esterno all'azione stessa affinché, come Epicuro ripete più volte, si possa *scegliere* consapevolmente che uso fare della propria vita. Viene in mente in proposito un'altra grande pagina di poesia, nell'*Orlando furioso* di Ludovico Ariosto. Il paladino Astolfo, partito alla ricerca del senno di Orlando, approda sulla Luna e vi ritrova tutte le cose che gli uomini hanno perduto in Terra, il senno più di ogni altra. Per scoprire la dissennatezza umana, occorre dunque staccarsi dalla Terra. Analogamente l'invito al distacco dal mondo («Vivi in disparte»), di cui il Giardino rappresentò per secoli un'immagine concreta, non è da intendersi come una superomistica celebrazione dell'individualismo (tanto più che uno dei massimi valori predicati da Epicuro era l'amicizia), ma come l'indicazione della condizione ideale per imparare a 'pensare assennatamente'. Da qui, come si legge nella *Lettera a Meneceo*, si originano tutte le virtù.

Epicuro sa bene in ogni caso che il distacco dal mondo non basta per essere felici. I maggiori turbamenti vengono all'uomo dal suo intimo, si originano dallo squilibrio tra sensi, sentimenti e ragione, sono il frutto di terrori derivati dalla superstizione e a lungo alimentati da falsi profeti. E se un tempo 'l'inconscio collettivo', come lo definirebbe Jung, esorcizzava i mostri interiori nel mito ed era gratificato dal fatto che ci fosse un 'Eroe' a sconfiggerli, ai tempi di Epicuro il mito autentico è tramontato e la superstizione è rimasta. Per non dire del danno prodotto da quei pensatori che hanno sostituito alla dipendenza dagli dèi la tirannia dalla Necessità. Perché dunque si possa 'pensare assennatamente' in una situazione confortevole e approdare così alla felicità occorre fare 'un giardino' anche dentro di sé. Bisogna insomma, mantenendo la metafora, tagliare i rami secchi del passato, intesi come tutto ciò che è derivato dalla frequentazione superstiziosa del mito, e strappare le erbacce, vale a dire le approssimazioni o gli errori delle recenti correnti di pensiero. Solo così l'uomo può trarre il massimo vantaggio dal libero arbitrio, che è la sua peculiarità.

**Accordarsi al ritmo dell'universo**

La necessità di fare riferimento a una solida verità dottrinaria, che dia all'uomo risposte appaganti a proposito del mondo entro cui percepisce la propria esistenza, salda strettamente nel pensiero di Epicuro, come egli stesso sottolinea, la logica alla fisica e questa all'etica.

Principio regolatore della conoscenza è l'esperienza dei sensi che sono l'unico mezzo per entrare in contatto con la realtà. Questa è il risultato di aggregazioni di corpi elementari infinitamente piccoli (gli atomi), che sono eterni. Rispetto all'esistere cosmico non esiste un 'prima' («nulla può nascere dal nulla», dirà Lucrezio nel *De rerum natura*), ma nemmeno un 'dopo': i singoli corpi, frutto di aggregazioni casuali, giungono poi a disgregarsi, e questa è la morte. Ma ciò che muore è l'individualità occasionale, non la materia che le ha dato origine, destinata a nuove combinazioni, in un tempo che è un eterno presente. D'altra parte lo stesso mondo con cui l'uomo si confronta è, contrariamente a quanto sosteneva Aristotele, uno dei tanti mondi dell'universo, imperfetto, non costruito perché l'uomo ne sia il signore, né salvaguardato da una provvidenza divina. E si colloca, come tutti gli altri mondi, in uno spazio infinito.

Ciò non significa negare l'esistenza degli dèi, ma solo respingere le false opinioni che di essi ha la gente comune: negli spazi 'fra mondo e mondo' (*intermundia*), essi vivono la condizione di un'eterna felicità e non si curano delle cose che accadono in 'questo' mondo, che si è formato al di fuori del loro intervento e che, d'altra parte, è così lontano dalla perfezione da non poter essere considerato, se non macchiandosi della vera empietà, come opera divina.

Anche l'anima, composta da atomi sottilissimi, è di natura corporea ed è, quindi, mortale. Ciò significa, come si è visto, che gli atomi che la compongono si disgregano e con essi si disgrega l'individualità, ovvero la sensazione che, fino a quel momento, si ha di esistere. L'anima ritorna, insomma, allo stato precedente la nascita: tanti atomi disponibili per chissà quali nuove aggregazioni, senza più alcun sentimento di identità. Se dunque non ha senso aver paura della morte, tanto meno si debbono temere le punizioni infernali. L'aldilà è una favola; i veri supplizi sono nel cuore dell'uomo, non ultima la paura di essere prima o poi scoperti per il male compiuto. Una ragione in più per *scegliere* di «condurre una vita ragionevole, specchiata e giusta», come la saggezza insegna a fare per vivere felici.

**Quale piacere?**

Ma in che modo una scelta di vita morigerata si può conciliare con il primato etico del piacere, che la natura stessa postula, inducendo l'uomo a ricercarlo e a fuggire il dolore?

A differenza di altri 'edonisti', come per esempio Aristippo, Epicuro non parla del piacere come eccitazione, cioè del piacere dinamico, ma del piacere stabile, 'in riposo'. Tale piacere corrisponde all'equilibrio del corpo e dell'anima, vale a dire al benessere fisico e all'assenza di passioni, e nasce dalla cessazione del dolore. A questo stato di equilibrio si giunge appunto attraverso l'*accettazione dei limiti*, da quelli che la natura delle cose impone all'uomo, a quelli che il saggio impara a imporre alle proprie pulsioni e ai propri desideri. Conseguentemente saranno *naturali* e *necessari* desideri come il mangiare e il bere, naturali ma *non necessari* desideri come il mangiare e il bere cibi o bevande prelibate, *vani* desideri come l'aspirare alla gloria, ricercare il potere o la ricchezza. I piaceri dello spirito poi sono di gran lunga superiori a quelli del corpo, e poche cose secondo Epicuro compensano le soddisfazioni che vengono dallo studio e dalla cultura, che rinforzano la capacità di 'pensare assennatamente'.

**La ragione come 'vangelo'**

L'insegnamento di Epicuro, molto in sintesi, fu questo. Gli studiosi che hanno accostato la filosofia greca da un punto di vista storico evolutivo e messo in luce i debiti dell'uno nei confronti dell'altro pensatore lo hanno fatto anche per quanto riguarda il filosofo del Giardino. Persino dal platonismo e dall'aristotelismo, contro cui è rivolta la battaglia polemica di Epicuro, sono mutuati molti spunti dottrinali e in generale si può dire che egli non si facesse scrupolo di adottare dalle scuole antagoniste le parti che potevano adattarsi al suo sistema.

Il caso di Epicuro, tuttavia, fu da altri punti di vista unico. Ne fa fede ancora Lucrezio quando scrive: «... per primo scoprì quella scienza della vita che chiamiamo saggezza». L'essersi posto l'obiettivo di insegnare ai discepoli soprattutto a vivere è ciò che distingue Epicuro da tutti gli altri filosofi (con l'eccezione, forse, di Socrate) e lo avvicina di più alla figura di un profeta o di un *guru*, addirittura di un 'guaritore'. Non a caso la sua filosofia era proposta come una ricetta combinata sull'associazione di 'quattro farmaci': quello che liberava dalla paura degli dèi; quello che dissipava il terrore della morte; quello che dimostrava, per tutti gli uomini, la facile raggiungibilità del piacere; infine quello che garantiva la brevità e la provvisorietà del dolore. In ciò i discepoli riconobbero le caratteristiche non tanto del filosofo, l'amante della sapienza, ma del 'benefattore dell'umanità', che poteva sostituire in carne e ossa gli dèi e gli eroi più venerati nell'età ellenistica: Dioniso, i Gemelli Castore e Polluce, Eracle... La liberazione dai sensi di colpa, la fiducia nella perfettibilità umana, la promessa della felicità, l'accessibilità del suo messaggio (come ricorda Cicerone) anche per le masse, hanno evidentemente contribuito a fare dell'insegnamento di Epicuro un 'vangelo', un lieto annuncio. La sua personalità e la vita serena che seppe effettivamente condurre e offrire ai discepoli, poi, aggiunsero a tale annuncio la grande forza della testimonianza.

# LETTERA A MENECEO

Epicuro saluta Meneceo

Non aspetti il giovane a darsi alla filosofia e non si stanchi il vecchio di coltivarla. Nessuno infatti è troppo giovane o troppo vecchio rispetto alla salute dell'anima. Chi dice che non è ancora giunta l'età per la filosofia o che l'età è già passata è simile a chi dice che non è ancora giunta o è già passata l'età per la felicità. Per cui devono dedicarsi alla filosofia sia il giovane sia il vecchio, l'uno perché procedendo negli anni sia giovane di beni per le gratificazioni acquisite da quanto gli è accaduto,. l'altro perché sia contemporaneamente giovane e maturo per il non aver paura di quanto gli accadrà. Occorre dunque meditare su ciò che procura la felicità, perché se c'è questa abbiamo tutto, se non c'è facciamo di tutto per averla.

Metti in pratica e medita le cose che ti ho sempre raccomandato, tenendo conto che sono gli elementi costitutivi del vivere felicemente. In primo luogo pensa che la divinità

è un essere immortale e beato, come è intesa
nella concezione comune del divino, e non
attribuirle nulla che non abbia a che vedere
con l'immortalità o che sia in contrasto con
la beatitudine; in positivo pensala come tut-
to ciò che è in grado di salvaguardare la pro-
pria beatitudine congiuntamente all'immor-
1 talità. Gli dèi esistono e di essi infatti la co-
noscenza è palese; piuttosto, non sono tali
quali li credono i più, perché non si attengo-
2 no alla nozione che ne dà la mente. Non è
empio colui che nega gli dèi della massa, ma
chi fa corrispondere agli dèi le opinioni della
massa; infatti i giudizi popolari a proposito
degli dèi non sono nozioni anticipate, ma il-
lazioni mendaci. Ne deriva che dagli dèi si ri-
cavano i più grandi danni e i più grandi van-
taggi. Dediti di continuo infatti come sono
alle loro virtù, accolgono i loro simili, consi-
3 derando estraneo tutto ciò che non è tale.

Prendi dimestichezza con il pensiero che per
noi la morte non è nulla, perché tutto il bene
4 e tutto il male risiedono nella sensazione e la
morte è privazione della sensazione. Ne deri-
va che il giusto pensiero che per noi la morte
non è nulla fa sì che sia una cosa piacevole la
mortalità della vita, non aggiungendo tempo
infinito, ma togliendo il desiderio dell'im-
mortalità. Non c'è infatti niente di temibile
nel vivere per chi è profondamente convinto
che non c'è niente di temibile nel non vive-
re, cosicché è sciocco chi dice di temere la
morte non perché sia dolorosa quando c'è, ma

perché è doloroso starla ad aspettare; in effetti ciò che, presente, non dà turbamento, non è ragionevole che provochi dolore quando lo si aspetta. Il più tremendo dei mali dunque, la morte, per noi non è nulla, dal momento che quando ci siamo noi la morte non c'è e quando c'è la morte non ci siamo più noi. Quindi non è nulla né per i vivi né per i morti, perché rispetto agli uni non c'è, rispetto agli altri sono questi a non esserci. I più invece o fuggono la morte come il più grande dei mali, o la cercano come cessazione dei mali della vita. Il saggio invece né rifiuta il vivere né teme il non vivere, perché né è contrario alla vita, né ritiene che ci sia qualcosa di male nella non-vita. Come a proposito del cibo non punta sulla quantità, ma sulla qualità, così del tempo non persegue la durata, ma il massimo del piacere. Chi predica al giovane di vivere bene e al vecchio di ben morire è sciocco non solo in rapporto a quanto di gradevole c'è nella vita, ma anche in rapporto al fatto che la pratica del vivere bene e quella del ben morire sono la stessa cosa. Ancora peggio è dire:

*...bello il non esser nati,*
*ma, nati, varcare al più presto le porte dell'Ade.*

Se chi lo dice infatti è veramente convinto, perché non se ne va dalla vita? Può farlo immediatamente, se questo è quello che pensa davvero. Se invece parla per scherzo, lo fa da sciocco in cose su cui non è il caso di scherzare.

Occorre poi ricordare che il futuro non è né del tutto nostro né del tutto non nostro, perché non ci si aspetti che si avveri senz'altro o ci si disperi come se non dovesse avverarsi affatto.

E ancora si deve riflettere sul fatto che, dei desideri, alcuni sono naturali, altri vani, e che di quelli naturali alcuni sono necessari, altri solo naturali. Di quelli necessari alcuni lo sono in rapporto alla felicità, altri per il benessere del corpo, altri per la vita stessa.

Se di essi si ha una conoscenza precisa si è in grado di rapportare la scelta di fare o non fare qualcosa alla salute del corpo e alla tranquillità dell'anima, perché questo è il parametro del vivere felici. In questa prospettiva infatti facciamo tutto quello che facciamo: per non soffrire nel corpo e per non essere turbati nell'anima. Una volta che ciò si verifichi per noi, ogni tempesta spirituale si placa, non avendo il vivente una meta a cui tendere come se gli mancasse qualcosa e altro da cercare con cui rendere completo il bene dell'anima e del corpo. Allora infatti abbiamo bisogno del piacere, quando soffriamo perché il piacere non c'è. Quando non soffriamo, non abbiamo bisogno del piacere.

E per questo noi diciamo che il piacere è il principio e il termine del vivere felici. Sappiamo infatti che esso è il primo bene e quello a noi più connaturato; da esso si origina il percorso che porta a scegliere o a rifiutare, su di esso ci basiamo giudicando ogni bene dall'affezione che comporta, assunta come canone. E poiché esso è il bene primo e il più prossimo alla natura, per ciò stesso non scegliamo ogni piacere e si dà anche il caso che ne lasciamo da parte molti, quando da essi può venirci un fastidio più grande; e giudichiamo molti dolori preferibili ai piaceri quando, avendo sopportato per molto tempo dei dolori, il piacere che segue è più intenso. Dunque tutti i piaceri, dato che ci sono naturalmente congeniali, sono un bene, ma non per questo si debbono tutti scegliere; allo stesso modo tutti i dolori sono un male, ma non tutti di natura tale che li si debba fuggire. Nel calcolo quindi dei vantaggi e nella valutazione dei danni conviene considerare tutte queste cose. Delle volte infatti ci capita di sperimentare che un bene si rivela per noi un male e, per converso, che un male si rivela un bene.

Giudichiamo un bene grande l'indipendenza dai desideri non al fine di aver sempre a disposizione il minimo, ma perché, se non abbiamo il molto, possiamo accontentarci del poco, persuasi fino in fondo che godono con maggior gradimento dell'abbondanza quelli che ne hanno bisogno di meno, e che tutto ciò che è naturale è facilmente ottenibile, mentre ciò che è vano si ottiene difficilmente. Una dieta sobria dà lo stesso piacere di una dieta sontuosa una volta che sia stata eliminata la sofferenza della mancanza di cibo; pane e acqua d'altra parte procurano il piacere più intenso quando li assume chi ne ha bisogno. Abituarsi a un'alimentazione semplice e frugale non solo fa bene alla salute, ma rende anche l'uomo risoluto di fronte ai bisogni e alle necessità della vita; se poi, di tanto in tanto, viviamo alla grande, ci mette in una disposizione migliore; infine ci prepara ad affrontare impavidi i colpi della sorte.

Quando dunque diciamo che il fine ultimo è il piacere non ci riferiamo ai piaceri dei dissoluti e ai godimenti volgari, come credono alcuni che non conoscono, non apprezzano o interpretano male il nostro pensiero, ma intendiamo il non patire dolore nel corpo e il non essere turbati nell'anima.

Non sono infatti i conviti e le feste continue, né la pratica sessuale con donne e fanciulli, né il pesce pregiato e tutto quanto offre una mensa raffinata a rendere la vita felice, ma il lucido calcolo che valuta le cause di ogni scelta in positivo o negativo e respinge le false opinioni, fonte del grandissimo turbamento cui vanno soggette le anime.

Di tutte queste cose il principio e il bene
6 maggiore è la saggezza. Perciò addirittura più apprezzabile della filosofia è la saggezza, da cui derivano tutte le altre virtù; quella saggezza che insegna come non sia possibile vivere felici se non si conduce una vita ragionevole, specchiata e giusta, e come non sia d'altra parte possibile condurre una vita ragionevole, specchiata e giusta senza vivere felici. Le

virtù sono infatti connaturate alla vita felice e la vita felice è da esse inscindibile.

Del resto chi tu giudichi migliore di colui
che a proposito degli dèi ha opinioni rive-
renti, che si comporta di fronte alla morte
senza il minimo segno di paura, che è con-
sapevole di quali siano i confini della natu-
ra e ha perfettamente chiaro in mente che il
massimo dei beni si raggiunge facilmente né
si pena a procurarselo, mentre il massimo
dei mali dura poco e comporta una pena li-
mitata? Che si oppone inoltre alla teoria di
alcuni per cui esisterebbe un potere superio-
7 re, cui tutte le cose sarebbero sottoposte?...
Di esse alcune avvengono per necessità, al-
8 tre per caso, altre a nostro arbitrio. La ne-
cessità è irresponsabile, il caso è instabile;
invece il nostro arbitrio è libero e per questo
gli è proprio conseguire biasimo o meritare
approvazione.

Era in fondo meglio credere ai racconti mitologici sugli dèi piuttosto che essere schiavi del destino dei fisici. Quelli almeno inducevano la speranza che si potessero placare gli dèi rendendo loro onore, questo invece è mosso da una necessità implacabile. Quanto al caso, non lo stima né una divinità, come credono i più (niente viene fatto da un dio senza un piano ordinato), né un principio causale senza un reale fondamento. Non crede che da esso possano derivare agli uomini alcun bene o alcun male rispetto al vivere felici, ma che esso sia il punto di partenza di grandi beni e di grandi mali.

Reputa infatti meglio essere saggiamente sfortunati che stoltamente fortunati; infatti nelle azioni è meglio che non sia premiato dal caso un giudizio saggio piuttosto che premiato un giudizio sciocco.

Pertanto medita su queste cose e su cose congeneri dentro di te e in compagnia di chi ti è simile e mai, né da sveglio né abbandonato al sonno, sarai turbato, ma vivrai come un dio tra gli uomini. Non è infatti simile a un essere mortale l'uomo che vive fra beni immortali.

# Note

1. Può sorprendere che in una concezione rigorosamente materialistica come è quella epicurea si affermi l'esistenza degli dèi. In realtà non si tratta di un'apertura metafisica del sistema o di una sua contraddizione: anche gli dèi sono il prodotto di un'aggregazione di atomi, per cui, come tutto, fanno parte della natura.

2. Secondo Epicuro l'esistenza degli dèi sarebbe provata da una sorta di 'informazione anticipata', impressa dalla natura stessa, per cui tutti gli esseri umani, indipendentemente dalla cultura di appartenenza e dall'adesione a questa o quella dottrina, hanno la nozione degli dèi come esseri immortali e perfettamente felici.

3. L'interpretazione di questo passo è stata molto dibattuta tra gli studiosi di Epicuro: con molta semplicità ci sembra che la traduzione proposta sia in linea con il tono di tutta la *Lettera a Meneceo*. Applicare agli dèi prerogative diverse da quelle compatibili con l'immortalità e la beatitudine assoluta (pensandoli, per esempio, sensibili alle vicende umane, o invidiosi, o iracondi, e così via) vorrebbe dire non solo credere in ciò che non è possibile che esista (questa è la vera empietà), ma anche esporre l'anima a turbamenti (la paura degli dèi, per esempio) e quindi compromettere la propria felicità. D'altra parte attenersi correttamente alla 'nozione anticipata' di essi impressa dalla natura, proprio perché è un modo per tutelare la sua felicità, è per l'uomo fonte di un grande bene. Epicuro dirà

d'altra parte, alla fine della *Lettera*, che l'uomo che vive fra beni immortali non è simile a un essere mortale, il che vuol dire che è più simile agli dèi. In tal senso questi appaiono quasi una rappresentazione simbolica del sapiente epicureo.

**4.** Epicuro assunse da Democrito la teoria per cui le sensazioni sarebbero prodotte nell'uomo dal flusso degli atomi che si staccano dalla superficie delle cose, formando delle 'immagini' del tutto simili alle cose stesse. I concetti hanno origine dalle sensazioni ricevute, confrontate e conservate dalla memoria. Non può dunque sussistere errore nelle sensazioni o nei concetti, che da queste derivano, ma solo nelle 'opinioni', che si formano quando si devia dalla testimonianza dei sensi.

**5.** La citazione è da Teognide, poeta vissuto tra il VI e il V secolo a.C., ma si tratta di un *topos* sfruttato anche da altri poeti e dai tragici, per esempio da Sofocle nell'*Edipo a Colono* dove il coro recita: «Non nascere: ecco ciò che è meglio di tutto. Se si viene alla luce, il meglio è tornare da dove si viene, il più in fretta possibile...»

**6.** Traduciamo con 'saggezza' il sostantivo connesso al verbo che significa 'pensare assennatamente', diverso dal sostantivo *sofia* che entra in composizione della parola 'filosofia'. Sarebbe più opportuno forse tradurre 'prudenza' se il termine, passando dal latino all'italiano, non avesse assunto valenze limitative.

**7.** Si è tradotto liberamente il pensiero precedente, che resta comunque accordato male al successivo, per ovviare a una lacuna nel testo. Epicuro in ogni caso sta polemizzando con i sostenitori della 'necessità' assoluta ai quali, nella formulazione della sua fisica, oppone la teoria del *clinamen* ('declinazione', termine coniato da Lucrezio). È sì vero che il mondo non ha una spiegazione soprannaturale e che il movimento degli atomi nel vuoto è puramente meccanico. Tuttavia, per spiegare il fatto che si urtino, dando origine a diverse aggregazioni corporee e interazioni fra i corpi, egli sostiene che possono casualmente e spontaneamente deviare dalla loro traiettoria. Oltre che un aspetto fisico, questa teoria ha anche valenze morali, perché salva dal determinismo la libertà umana. Che questo fosse lo scopo di Epicuro lo dimostra l'osservazione che fa subito dopo.

**8.** 'Caso': in greco è *tyche* ('quello che capita'), in latino *fortuna*. In entrambe le lingue il termine è di significato 'medio', può cioè assumere valore sia positivo sia negativo; in italiano invece 'fortuna', non aggettivato, si è attestato sul valore positivo. Tanto Tyche quanto Fortuna erano venerate come divinità, con un culto e dei templi a loro consacrati.

# MASSIME CAPITALI

## I

L'essere beato e immortale non ha affanni di per sé né li procura agli altri, cosicché non è condizionato né dalla collera né dalla benevolenza. Tutto ciò contraddistingue l'essere debole.

## II

La morte per noi non è nulla: ciò che infatti si è dissolto è insensibile, e ciò che è insensi-
1 bile non ha niente a che fare con noi.

## III

La sottrazione di ogni dolore è il criterio di misura della grandezza dei piaceri. Ovunque ci sia piacere, e per tutto il tempo che il piacere duri, non c'è né dolore fisico, né afflizio-
2 ne spirituale, né entrambe le cose.

IV

Il dolore nella carne non ha una durata infinita: la fase acuta dura pochissimo tempo, così come ciò che è appena al di sopra del benessere fisico non dura molti giorni. Si può addirittura dire che le malattie croniche procurano alla carne più piacere che dolore.

V

Non è possibile vivere felici senza condurre una vita saggia, specchiata e giusta, né condurre una vita saggia, specchiata e giusta senza essere felici. Chi non realizza questa condizione non può vivere felice.

VI

Al fine di assicurarsi dagli uomini, erano un
bene secondo natura il primato individuale e
la regalità, posto che fosse mai possibile otte-
3 nere tanto con questi mezzi.

VII

Alcuni hanno voluto diventare famosi e illustri pensando così di garantirsi una sicurezza rispetto agli uomini: se in questo modo la loro vita è tranquilla, hanno conseguito il bene secondo natura; se invece non è tranquilla, non dispongono di ciò per cui all'inizio si sono mossi sotto lo stimolo di un impulso naturale.

VIII

Di per sé, nessun piacere è un male. Tuttavia i mezzi che procurano certi piaceri arrecano molti più turbamenti che appagamenti.

IX

Se ogni piacere potesse concentrarsi nello spazio e nel tempo e coinvolgere tutto il nostro essere o le componenti determinanti della nostra natura, i piaceri non sarebbero mai diversi tra loro.

X

Se i mezzi cui ricorrono i gaudenti per procurarsi dei piaceri dissolvessero le paure della loro mente a proposito delle cose celesti, della morte e del dolore, e ancora se si insegnasse loro la misura dei desideri e delle afflizioni, non avremmo in questo caso motivo di biasimarli, perché sarebbero del tutto appagati dai piaceri, non patendo o penando nell'anima e nel corpo, il che è giustappunto il male.

XI

Se non ci turbassero i timori delle cose cele-
sti e della morte, nel dubbio che possano ave-
re qualche relazione con noi, e la non cono-
scenza dei limiti dei dolori e dei desideri, non
4 avremmo bisogno di una scienza della natura.

XII

Non era possibile sciogliere i timori sulle questioni di fondo ignorando quale fosse la natura dell'universo e vivendo invece nel sospetto indotto dai miti. In tal modo non era possibile conseguire piaceri puri senza la scienza della natura.

XIII

Non giovava a nulla procurarsi sicurezza ri-
5 spetto agli uomini restando immutati dubbi
e paure circa le cose del cielo e del mondo
infero e in generale di ciò che accade nell'u-
niverso.

XIV

Una volta conseguita la sicurezza dagli uomini con il disporre fino a un certo grado di agiatezza e abbondanza, diventa purissima la sicurezza che deriva dalla tranquillità e da una vita appartata dalla folla.

XV

La ricchezza secondo natura ha limiti precisi e si ottiene facilmente, quella invece che postulano le vane opinioni va all'infinito.

XVI

Conta poco la fortuna per il saggio: le cose più grandi e importanti le ha preordinate la ragione e per tutta la durata della vita le
6 preordina e le preordinerà.

XVII

Il giusto è tranquillissimo, l'ingiusto in preda alla più grande inquietudine.

XVIII

Non aumenta il piacere nella carne una volta che sia stato tolto del tutto il dolore per ciò
7 che mancava, ma semplicemente varia. Il limite che l'anima pone ai piaceri (della carne) proviene da un'accurata disamina sia di questi stessi sia di quelli simili, tutte cose che procurano allo spirito grandissime paure.

## XIX

Il tempo infinito e quello finito sono la stessa cosa rispetto al piacere per chi ne misura i
8 limiti con la ragione.

## XX

La carne non pone confini al piacere e non determina il tempo che glielo procura. La ra-
9 gione, valutando le esigenze della carne e il loro giusto limite e dissolti i timori dell'eternità, organizza la vita in modo perfetto e non necessita oltre questa di un tempo infinito. Tuttavia né fugge il piacere né, quando le circostanze comportano di lasciare la vita, viene meno come se le mancasse qualcosa al compimento di una vita eccellente.

## XXI

Chi è consapevole della limitatezza della vita sa che è facile eliminare il dolore che deriva dal bisogno e ordinare perfettamente tutta la vita, così da non aver bisogno di nessuna delle cose che comportino conflitti.

## XXII

Occorre valutare accuratamente il fine oggettivo e l'evidenza a cui ricondurre le opi-

nioni, altrimenti vi si mescoleranno dubbi e
10 inquietudini.

XXIII

Se ti opporrai a tutte le sensazioni non avrai nemmeno, a proposito di quelle che tu definisci fallaci, un criterio di riferimento per
11 giudicarle.

XXIV

Se in ogni caso rifiuterai qualche sensazione senza discriminare tra ciò che è pura opinione, ciò che attende verifica e ciò che è già evidente in base alle sensazioni, ai sentimenti e ai risultati dell'attività mentale, porterai confusione anche fra le altre sensazioni con un'opinione stolta, così da privarti di ogni criterio. Se poi nel tuo modo di pensare relativo alle opinioni darai per buono sia tutto ciò che attende conferma sia ciò che non ha prova, non potrai fuggire l'errore, perché avrai mantenuto un'ambiguità totale in ogni giudizio su ciò che è giusto e su ciò che non è giusto.

XXV

Se in ogni momento non rapporterai ogni azione al bene definito dalla natura, ma nello scegliere sia di agire sia di astenersi farai riferimento a qualcosa d'altro, le tue azioni non saranno d'accordo con i tuoi discorsi.

XXVI

Quanti, fra i desideri, non portano al dolore se non vengono soddisfatti, non sono necessari, ma la pulsione si smorza più facilmente quando si mostrano appuntati su cose difficili da conseguire o produttrici di danno.

XXVII

Di tutto ciò che la sapienza procura per la felicità completa della vita il bene più grande è il possesso dell'amicizia.

XXVIII

Appartengono alla stessa certezza il conforto di sapere che nessun male è eterno o durevole e che, entro il tempo limitato che ci è dato di vivere, si può far soprattutto affidamento sull'amicizia.

XXIX

Dei desideri alcuni sono naturali e necessari, altri naturali ma non necessari, altri né naturali né necessari, ma frutto di vane opinioni.

## XXX

Tra i desideri naturali che non procurano dolore se non vengono realizzati, quelli in cui c'è forte coinvolgimento emotivo nascono sulla base di vane opinioni e non si smorzano con difficoltà per la loro intrinseca natura, ma per il vaneggiare umano.

## XXXI

Il giusto secondo natura corrisponde a ciò che si rivela utile per non danneggiare gli altri e
12 non essere da essi danneggiati.

## XXXII

Non esiste il giusto o l'ingiusto per tutti quegli animali che non hanno potuto stringere patti al fine di non recarsi reciprocamente danno; la stessa cosa si deve dire a proposito di tutti quei popoli che non hanno potuto o non hanno voluto sottoscrivere patti relativi al non fare o subire danno.

## XXXIII

La giustizia non è qualcosa che esiste di per sé, ma che esiste solo nei rapporti reciproci e comunque sempre in relazione ai luoghi dove si stipula una qualche forma di contratto per non danneggiare e non essere danneggiati.

## XXXIV

L'ingiustizia non è un male di per sé, ma in rapporto alla paura che induce facendo sospettare di non riuscire a sfuggire a coloro che sono preposti a punire azioni contro la legge.

## XXXV

Non può chi fa di nascosto qualcosa di contrario a patti reciproci per non far danno né riceverlo fare affidamento sul fatto che non sarà scoperto, anche se gli riesce di continuo e un'infinità di volte di non essere scoperto; non è infatti scontato che potrà restare nell'ombra fino alla morte.

## XXXVI

In generale il diritto è lo stesso per tutti, visto che praticamente corrisponde all'utile nelle relazioni reciproche; tuttavia nel dettaglio di un determinato luogo o delle varie cause che ne sono all'origine si verifica che non per tutti è giusta la stessa cosa.

## XXXVII

Ciò di cui, fra le cose prescritte come giuste dalla legge, è provato che è utile nei rapporti reciproci necessari all'interno di una so-

cietà, deve essere principio di giustizia, tanto se è uguale per tutti quanto se non lo è. Ma se viene posta una legge che non risulti conforme all'utile dei rapporti reciproci, tale legge non ha più fondamento nel giusto secondo natura. E se anche dovesse decadere l'utile secondo il diritto, dopo aver per un certo periodo di tempo corrisposto alla sua
13 prenozione, non per questo in quel lasso di tempo era meno giusto per quelli che non si lasciano turbare da chiacchiere vuote ma guardano ai fatti.

## XXXVIII

Se in circostanze immutate risulta dai fatti che cose prescritte come giuste dalla legge non sono conformi alla prenozione del giusto, significa che tali cose non erano giuste. Se invece in circostanze mutate le stesse prescrizioni che erano giuste non sono più utili, vuol dire che erano giuste quando erano utili per i rapporti di convivenza civile, ma che poi hanno cessato di essere giuste perché utili non lo erano più.

## XXXIX

Colui che ha ottimamente disposto le sue cose, per non essere turbato da eventi esterni, si è reso affine quanto possibile, senza considerare estraneo del tutto quanto non possibile.

Ma in rapporto a tutte quelle cose che non rendono praticabile tale comportamento se ne tiene assolutamente al di fuori e si regola scegliendo ciò che è utile a tale scopo.

## XL

Quanti hanno avuto la possibilità di procurarsi la sicurezza soprattutto dai vicini vivono fra di loro in modo piacevolissimo, avendo saldissima fiducia l'uno nell'altro e, pur avendo i più stretti rapporti di familiarità, non piangono sotto forma di commiserazione la scomparsa prematura di chi muore.

# Note

1. In questa sentenza è enunciato uno degli elementi componenti il 'quadrifarmaco', ovvero la ricetta della felicità.

2. Epicuro vuole dire che il piacere cresce in proporzione all'estinguersi della causa del dolore; le variazioni successive non si producono di necessità quando non vi sia più dolore.

3. Più che un atteggiamento morale relativistico, che qualche studioso ha sottolineato, questa sentenza sembra piuttosto sottolineare il disinteresse di Epicuro per gli onori pubblici e il suo disprezzo per l'intellettuale connivente con il potere.

4. È qui molto chiaro come per Epicuro la fisica faccia da supporto all'etica e come il filosofo abbia dimostrato una notevole capacità di penetrazione psicologica.

5. Curiosamente, Epicuro insiste nel parlare, per il passato, della necessità per gli uomini di garantirsi rispetto ai propri simili. Forse intende dire che, nel considerare i pericoli che li minacciavano, sottovalutavano quelli costituiti dall'ignoranza e dalla superstizione in vista della felicità.

6. Altrove Epicuro esprime lo stesso concetto dicendo che «il debole si esalta nella fortuna e si abbatte nella sventura».

7. *Vedi* nota 2.

8. In proposito ricorda Cicerone: «Epicuro nega che il tempo, per quanto prolungato, possa contribuire in qualcosa alla felicità della vita e nega altresì che il piacere che si prova in un tempo limitato sarebbe maggiore se il tempo fosse eterno...»

9. La parola greca qui tradotta con 'ragione' designa propriamente l'intelletto, la facoltà di pensare che, ovviamente, non appartiene alla carne. Non si deve quindi intendere che Epicuro voglia contrapporre, secondo una morale che non gli appartiene, la carne allo spirito, il corpo all'anima, ma che voglia solo assegnare al ragionamento il compito di assegnare un termine al piacere, in base alla consapevolezza che il desiderio, se non si dà una misura, produce turbamento e quindi è un ostacolo nella realizzazione della felicità.

10. In quest'affermazione emerge con particolare pregnanza la stretta relazione nel pensiero di Epicuro tra la teoria della conoscenza (gnoseologia) e l'etica, oltre che il primato di quest'ultima.

11. Qui e nella massima successiva Epicuro polemizza contro il relativismo gnoseologico dei filosofi scettici.

12. Le ultime sentenze, a partire da questa, affrontano il problema della giustizia. Per evitare di equivocare sulla posizione espressa da Epicuro occorre tener presente la distinzione di significato tra 'il giusto' (in greco aggettivo neutro sostantivato) e 'la giustizia' (sostantivo femminile astratto). Come è detto qui, esiste un diritto secondo natura (come piaceri secondo natura, ricchezza secondo natura, eccetera), che si configura, in coerenza con il sistema etico epicureo, come un contratto tra singoli o tra popoli per evitare il dolore connesso a ogni forma di conflittualità. Tuttavia il concetto non coincide con quello di 'diritto naturale' contrapposto a 'diritto positivo' di cui si incomincerà a dibattere in ambito filosofico a partire dal 1600. 'Il giusto secondo natura' per Epicuro comprende tanto un aspetto del diritto naturale in senso moderno (la corrispondenza a un bisogno umano fondamentale

quale è quello di evitare il dolore), quanto un aspetto del diritto positivo (la possibilità che la norma si adegui alle specifiche situazioni storiche o ambientali). Non contempla invece, come il concetto di diritto naturale in senso moderno, che esista un principio astratto di giustizia immutevole e universalmente valido e quindi un modello giuridico ideale al quale il diritto positivo dovrebbe fare riferimento. Questo è il senso della massima XXXIII, che probabilmente ha nel pensiero di Platone il suo obiettivo polemico.

**13.** Prenozione: quella sorta di 'informazione anticipata', impressa dalla natura che, al contrario delle opinioni, è sempre vera. Il concetto ritorna anche nella massima successiva.

# Dal GNOMOLOGIO VATICANO EPICUREO

[Nel titolo con cui si cita comunemente questa seconda raccolta di massime epicuree, che si possono comunque considerare parte dei *Frammenti*, si fa riferimento alla sua provenienza, il codice vaticano greco 1950, risalente al XIV secolo. Le massime, frammiste a opere d'impostazione stoica, furono scoperte e pubblicate da C. Wotke nel 1888. Si tratta di 81 sentenze, di contenuto prevalentemente etico, scelte da un compilatore di età imperiale al fine probabilmente di far conoscere gli aspetti più accattivanti dell'epicureismo al di fuori della scuola. Alcune sono riprese fedelmente dalle *Massime capitali*, altre confermano vari aspetti del pensiero epicureo precedentemente noti per tradizione indiretta, altre ancora, chiaramente posteriori a Epicuro, documentano la continuità del suo insegnamento per opera dei discepoli. Si propongono qui quelle più pertinenti al tema della felicità.]

4

È facile giungere al disprezzo di ogni dolore: quello infatti che comporta una pena acutis-

sima ha breve durata, quello che dura a lungo nel corpo è di blanda intensità.
1 

9

La necessità è un male, ma non c'è alcuna necessità di vivere nella necessità.

11

Per la maggior parte degli uomini l'inattività
2 dà torpore, l'attività fa impazzire.

14

Nasciamo una volta sola, due volte non è possibile che accada ed è necessario non essere più per l'eternità. Tu, pur non essendo padrone del domani, rimandi il momento di sentirti bene: nel frattempo la vita passa e ciascuno di noi muore senza aver mai smesso di affannarsi.

15

Rispettiamo le nostre abitudini come cose che ci appartengono intimamente, che siano o no buone e invidiate dagli altri uomini. Occorre assumere lo stesso atteggiamento nei confronti del prossimo, se è ammodo.

16

Nessuno, se vede il male, lo sceglie in quanto tale, ma perché si inganna valutando che sia un bene rispetto a un male maggiore di quello.

17

Felice non è il giovane, ma il vecchio che è vissuto bene. Il giovane infatti nel fiore dell'età è particolarmente esposto al capriccio della sorte; il vecchio invece è giunto alla vecchiaia come a un porto, con la confortante certezza di aver acquisito beni in cui prima riponeva una speranza incerta.

18

Se si eliminano la vista dell'essere amato, lo scambio verbale e la contiguità fisica la passione amorosa viene meno.

19

Chi si dimentica del bene passato è già vecchio oggi.

21

Non bisogna forzare la natura, ma convincerla. La convinceremo soddisfacendo i desideri necessari e in generale di quelli naturali i desideri che non recano danno, respingendo con determinazione quelli dannosi.

23

Ogni amicizia è di per sé appetibile; la sua ori-
3 gine è l'utilità.

24

I sogni non hanno né un'origine divina né il
potere di svelare il futuro, ma si generano da
4 un flusso di immagini.

25

La povertà rapportata ai limiti che pone la
5 natura è una grande ricchezza; la ricchezza
che non si ponga un limite è grande povertà.

27

Chi ha portato a termine questo o quel compito giunge a coglierne il frutto a fatica; nella filosofia invece il piacere va di pari passo con la conoscenza: non infatti la soddisfazione dopo l'apprendimento, ma contemporaneamente apprendimento e soddisfazione.

31

C'è la possibilità di garantirsi la sicurezza rispetto a tutto il resto, ma in funzione della morte noi uomini abitiamo tutti una città senza mura.

32

Venerare il sapiente è un gran bene per chi lo
6 venera.

33

La voce della carne? Non aver fame, non aver sete, non aver freddo. Colui che soddisfa questi bisogni o spera di soddisfarli può in felicità competere anche con Zeus.

34

Non abbiamo tanto bisogno dell'aiuto degli
amici quanto del poter fare affidamento sul
7 loro aiuto.

35

Non bisogna sciupare quello che si ha con il desiderio delle cose che mancano, ma riflettere sul fatto che anche ciò che si ha era prima oggetto di desiderio.

37

La natura è debole verso il male, non verso il bene: si preserva infatti nei piaceri, viene meno nei dolori.

38

Davvero è un individuo da poco colui per il quale esistono molti ragionevoli motivi per
8 togliersi la vita.

40

Chi afferma che tutto accade per necessità non ha argomenti da opporre a chi nega che tutto avviene per necessità: è infatti costretto ad ammettere che anche questo avviene per necessità.

43

Desiderare il denaro fuori dai limiti della legge è colpevole, entro i limiti squallido. È disdicevole infatti risparmiare micragnosamente anche se lo si fa rispettando la legge.

44

Il saggio messo a confronto con le necessità della vita sa piuttosto dare che ricevere, perché dispone di un simile tesoro nell'indipen-
9 denza dai bisogni.

45

Lo studio della natura non forma uomini arroganti, né dispensatori di chiacchiere, né esibizionisti rispetto alla cultura apprezzata dai più, ma uomini fieri, indipendenti e orgogliosi dei propri beni, non di quelli che provengono dagli affari.

46

Scacciamo completamente le cattive abitudini come uomini malvagi che ci hanno fatto
10 del gran male per molto tempo.

48

Bisogna sforzarsi, finché siamo in cammino, che il nuovo tratto da percorrere sia migliore del precedente e quando si è giunti alla fine rallegrarsi, ma con moderazione.

53

Non bisogna invidiare nessuno: i buoni infatti non meritano l'invidia, i cattivi, quanto più hanno fortuna, tanto più fanno del male a se stessi.

54

Non si deve fingere di filosofare, ma filosofare sul serio; non ci serve infatti sembrar di star bene, ma star bene davvero.

55

Bisogna curare i mali che capitano con il conforto dei beni passati, consapevoli del fatto che non è possibile fare in modo che non sia ciò che è accaduto.

58

Occorre liberarsi dalla prigione degli affari e
11 della politica.

59

Non è il ventre insaziabile, come molti dicono, ma la falsa opinione sull'infinita avidità del ventre.

60

Ognuno lascia la vita come se l'avesse inco-
12 minciata allora.

63

C'è anche nella parsimonia una misura: se non se ne tiene conto capita qualcosa di simile a quello che capita se non hanno limiti nei desideri.

65

È sciocco chiedere agli dèi le cose che uno è in grado di procurarsi da solo.

66

Partecipiamo alle sventure degli amici non piangendoci sopra, ma dandoci da fare.

67

Una vita libera non può disporre di molte ricchezze perché ciò non è facile senza essere schiavi delle masse o dei potenti, ma tale vita possiede già tutto in costante abbondanza; se poi capiti che disponga di molte ricchezze, è facile ottenere benevolenza facendone parte al prossimo.

68

Niente basta a colui per il quale il bastevole è poco.

70

Non far nulla nella tua vita che ti possa fare paura se dovesse essere conosciuto dal prossimo.

71

Di fronte a tutti i desideri deve esser fatta questa domanda: che cosa mi capiterà se si realizza quanto il desiderio brama e che cosa succederà se non si realizza?

73

Anche il fatto d'aver sopportato certi dolori fisici è utile per salvaguardarci da dolori consimili.

74

Quando si ama ragionare insieme fa più progressi chi rimane sconfitto in ciò che impara.

77

Il frutto più grande del bastare a se stessi è la libertà.

79

Chi non è turbato da passioni procura la pace a se stesso e agli altri.

# Note

1. Questo stesso concetto è esposto nelle *Massime capitali* (IV). Cicerone (*Le Tusculane*, II, 19), pur polemizzando con Epicuro, lo spiega in questo modo: un dolore supremo è brevissimo perché è immediatamente seguito dalla morte; un dolore continuo come quello di Filottete (l'eroe greco affetto da un'infezione al piede, in possesso delle armi di Eracle che avrebbero permesso la caduta di Troia), ma limitato a una sola parte del corpo, non può essere considerato come un supremo dolore e, nella misura in cui a intervalli ne diminuisce l'intensità, reca addirittura più piacere che dolore, dato che il piacere consiste nell'assenza o quantomeno nella diminuzione del dolore. Tale impostazione della problematica sul dolore fisico è comunque presente anche nelle riflessioni stoiche, per esempio in Seneca e Marco Aurelio.

2. Analoga osservazione si trova espressa in un frammento di Democrito.

3. Perché non sorgano equivoci circa l'attribuzione di un valore puramente utilitaristico e quindi eticamente egoistico, secondo parametri moderni, all'amicizia, si ricordi che il principio dell'utile è per Epicuro anche alla base del diritto naturale: come una comunità costruisce la propria stabilità e si garantisce una convivenza serena sul patto sottoscritto da tutti i membri di non recar danno per non riceverlo, così un rapporto fra due che, eliminata ogni conflittualità, sia fondato sul principio di non farsi reci-

procamente del male e di aiutarsi l'un l'altro è *utile alla felicità* di entrambi. Che d'altra parte per Epicuro l'amicizia avesse anche una profonda dimensione affettiva e fosse da lui apprezzata *di per sé*, lo dimostra ancor meglio delle parole altrove spese a proposito di questo tema il suo *Testamento*. In esso infatti non solo dice che il ricordo del periodo passato con l'amico-discepolo Idomeneo a ragionare di filosofia è servito a lenire i dolori dei visceri e della vescica a causa della malattia di cui sta per morire, ma dà concretamente disposizioni a favore degli amici che gli sopravviveranno, mostrandosi interessato ai loro bisogni futuri anche se non potranno più essergli 'utili'.

4. Nel ricondurre il sogno entro la teoria della sensazione (*vedi* nota 4 della *Lettera a Meneceo*) Epicuro ribadisce contemporaneamente la sua polemica contro ogni forma di determinismo: se i sogni (e in generale tutti i sistemi di divinazione) rivelassero il futuro, vorrebbe dire che la necessità domina il determinarsi degli eventi. La divinazione è negativa anche in rapporto alla ricerca della felicità, perché fa soffrire in anticipo in caso di previsione cattiva e fa posticipare la possibilità di godere nel presente, in funzione di una gioia non certa proiettata nel futuro, in caso di previsione positiva.

5. Più avanti (33) si vedrà che i confini naturali discriminanti la ricchezza dalla povertà sono il non aver fame, il non aver sete e il non aver freddo. Seneca, citando Epicuro, sottolinea: «Non chi ha poco, ma chi desidera di più è povero».

6. Non si sa se questa massima voglia essere anche una risposta polemica a chi rimproverava ai seguaci di Epicuro un'eccessiva devozione per il Maestro. Cicerone per esempio critica vivacemente la disposizione contenuta nel *Testamento* per cui i discepoli avrebbero dovuto, una volta al mese, offrire sacrifici in sua memoria e ricordarsi ogni anno del suo giorno genetliaco. Ma è più probabile che si debba interpretare la massima come una sottolineatura dell'interesse personale e carismatico che un maestro ave-

va nei confronti dell'allievo nell'ambito dell'epicureismo e dei conseguenti vantaggi spirituali che a quest'ultimo ne venivano. In proposito Seneca ricorda che agli allievi del Giardino era raccomandato di agire sempre come se fossero sotto gli occhi di Epicuro e che fra gli insegnamenti di vita di quest'ultimo c'era anche quello di scegliere un uomo dalla condotta specchiata e di porselo sempre davanti agli occhi in modo da vivere come se li guardasse e da agire in tutto come se li vedesse.

**7.** *Vedi* nota 3.

**8.** Nell'epicureismo è trattato con uguale disprezzo tanto chi teme la morte quanto chi la ricerca, perché si tratta nella sostanza dello stesso atteggiamento insensato. Si teme la morte infatti come l'evento che pone fine a un desiderio di piacere infinito, per la convinzione che più tempo si ha a disposizione e più si gode. Sperimentando che le cose non stanno così e non sopportando che lo scorrere del tempo porti via con sé la possibilità del piacere infinito, si pone fine a questa sofferenza procurandosi la morte. In altri termini il suicidio è scelta della morte per paura della morte stessa.

**9.** La sentenza precisa ulteriormente in che senso si debba interpretare il concetto per cui l'origine dell'amicizia sarebbe l'utilità (*vedi* nota 3) e completa il pensiero espresso nella massima **34**.

**10.** È qui indirettamente ribadita la possibilità per l'uomo di autodeterminarsi, *scegliendo* che uso fare della propria vita.

**11.** Giustamente è stato osservato come l'invito ad astenersi dalla vita pubblica e dalla politica da parte di Epicuro sia in relazione alla crisi epocale della città-stato, con la conseguente impossibilità per l'uomo di riconoscersi realizzato nel cittadino. Proprio contro la sordità delle scuole filosofiche, in particolare l'Accademia platonica e il Peripato aristotelico, di fronte al bisogno di una nuova identità morale Epicuro lancia la provocatoria parola d'ordine:

«Vivi nascosto». Non va tuttavia dimenticato che più in generale il consiglio vale per ogni genere di dinamismo e di attivismo, dall'impegno per conseguire beni materiali alla ricerca di piaceri eccitanti.

**12.** Di questa massima sono possibili più interpretazioni. Se si tratta di un'osservazione di costume in negativo, ribadisce l'importanza per il saggio di accettare l'idea che si vive una vita sola e di imparare a godere dei beni che questa riserva giorno per giorno, giungendo alla morte con un grato ricordo della felicità vissuta (*vedi anche* **14**, **35**, **55**). Ma potrebbe anche significare che l'uomo arriva alla morte povero come è nato, e che quindi è inutile affannarsi per conseguire beni che non si possono portare con sé nel trapasso. Infine potrebbe voler dire, contro chi teorizza il suicidio, che l'adesione umana alla vita è un fatto naturale (oggi si parlerebbe di 'istinto vitale').

# Indice

Finito di stampare nel mese di febbraio 1997
presso Giunti Industrie Grafiche S.p.A.
Stabilimento di Prato